DÉFENSE

DEVANT

LA COUR D'ASSISES DE MONTBRISON,

DANS LE PROCÈS

DU CARLO-ALBERTO,

POUR

M. LE VICOMTE DE KERGORLAY,

OFFICIER D'ARTILLERIE,

Par Mᵉ L. Genton.

AVOCAT A LA COUR ROYALE DE LYON, ANCIEN MAGISTRAT.

LYON,

THÉODORE PITRAT, IMPRIMEUR-LIBRAIRE,

Place de la Préfecture, n° 16.

1833.

PLAIDOYER
DE Mᴱ GENTON,

AVOCAT A LA COUR ROYALE DE LYON,

POUR M. LE VICOMTE DE KERGORLAY,

Prononcé le 9 mars 1833,

Devant la Cour d'assises de Montbrison.

Messieurs les Jurés,

Depuis douze jours, nous sommes à cette barre, environnés de tout l'appareil de la justice criminelle, et je doute encore de la réalité de l'accusation !

Quel étrange spectacle ! des hommes placés au degré le plus élevé de l'échelle sociale, des hommes du plus noble et du plus généreux caractère, aujourd'hui, messieurs, vous les connaissez ; des hommes que nous serions tous heureux et fiers d'avoir pour amis, sont là à vos pieds, sur ces bancs où des malfaiteurs seuls s'étaient assis !

Un ancien pair du royaume, un ambassadeur du roi de France qui soutint dignement l'honneur national, un vieux chevalier français, modèle de dévouement et de fidélité, des officiers supérieurs qui conquirent tous leurs grades sur les champs de bataille en versant leur sang pour la patrie ; de plus jeunes guerriers déjà couverts des lauriers d'une belle victoire ; une jeune femme si vive, si aimable, si dévouée, si française. Un instant on la prit pour sa royale maîtresse !

Voilà, messieurs les jurés, les accusés qui sont traduits devant vous.

Serait-il possible que de tels hommes fussent coupables d'une action criminelle, d'une action justiciable d'une cour d'assises ! Non, personne ne le croira ; un tel renversement de toutes les garanties que donnent la position sociale, les sentimens de famille, l'éducation, est impossible ; la raison publique repousse une pareille supposition ;

Non, de tels accusés n'ont pu se rendre coupables

1

d'un crime dont la définition se trouverait dans le code pénal.

Mais qui peut alors expliquer leur présence à cette barre ?

Un seul mot : *révolution !*

Mot terrible, mot de triomphe, mais aussi de deuil et de larmes ! Révolution qui a changé la face d'un empire, qui a emporté trois générations de rois, qui n'a eu aucune pitié de l'innocence encore au berceau ; révolution qui a bouleversé toutes les existences, qui a changé toutes les positions !

Voilà, messieurs, ce qui peut vous faire comprendre, jusqu'à un certain point, la cruelle situation des accusés !

Voilà qui peut vous expliquer comment ces hommes, naguère si haut placés, gémissent depuis près d'une année dans une étroite prison !

N'ont-ils donc pas assez souffert ! Le rang, la puissance, tout ce que la fortune a de plus séduisant, ils l'ont noblement sacrifié à leur foi politique : qu'exigez-vous de plus ? Un arrêt cruel, une condamnation que l'accusation elle-même n'aurait pas le courage de formuler !

Déjà, messieurs, dans votre haute sagesse, vous avez compris ma pensée. Cette cause n'est point du domaine de la justice criminelle : si tous les faits présentés par M. le procureur-général étaient *vrais*, si la procédure démontrait leur *réalité* avec la même force qu'elle la dément, le sort des accusés n'en serait pas plus compromis ; ils ne seraient coupables à vos yeux d'aucun des crimes dont on a fait l'énumération devant vous.

Vous verriez la cause d'un point de vue plus élevé, vous la verriez telle qu'elle serait alors, présentant une question d'un ordre tout différent, une question qui ne pourrait être contenue dans l'étroite enceinte d'une cour d'assises.

Mais, messieurs, vous le savez maintenant, vous connaissez cet étrange procès, tous ces faits qu'il me serait indifférent de tenir pour constans, j'espère vous en convaincre ; non-seulement ils ne sont pas justifiés, mais ils sont démontrés *moralement* absurdes, et *physiquement* impossibles. Jamais, dans un débat criminel, accusation ne se trouva dans un pareil dénuement de preuves.

Notre tâche sera donc facile ; la vôtre, messieurs les jurés, sera douce.

Un procès politique, fût-il fondé, ne se comprendrait plus, après le long temps qui s'est écoulé depuis les faits incriminés.

Un publiciste habile et consciencieux l'a dit avant moi : si les procès politiques pouvaient être jugés *un an* après *les faits*, il n'y aurait jamais de condamnation, car elle serait alors sans intérêt.

Cette réflexion si vraie, je vous la soumettrais, messieurs, si la position légale de mon client pouvait m'inspirer quelque inquiétude ; mais, dans ce procès, nous n'aurons besoin que d'invoquer votre justice, et avant d'arriver ici nous savions tous qu'elle nous était pleinement acquise : je le savais surtout, moi, messieurs, qui suis né au milieu de vous; je savais votre loyauté, votre noble indépendance ; au besoin j'aurais compté sur votre humanité.

Aussi, n'ai-je point reculé devant ma propre faiblesse, et au milieu de tant d'hommes habiles dont la parole éloquente devait protéger le malheur, j'ai osé répondre à la confiance de celui qui est venu me demander de parler en son nom à mes compatriotes qui devenaient ses juges.

Et d'ailleurs, n'y a-t-il pas, ainsi que l'exprimait d'une manière si touchante et dans un procès qui me rappelle de si tristes souvenirs, ce brillant orateur dont la France pleure la perte (1); n'y a-t-il pas, dans la voix d'un homme menacé qui vous appelle, quelque chose d'impérieux qui subjugue et qui commande ?

Ce mandat de l'infortune, je viens aujourd'hui essayer de le remplir.

J'ai besoin, messieurs, de votre bienveillante attention et de toute votre indulgence ; j'ose espérer qu'elles ne me manqueront pas.

Je dois avant tout, messieurs, vous faire connaître M. de Kergorlay fils, dont je suis spécialement chargé de vous présenter la défense.

(1) M. Martignac, procès des ministres.

J'esquisserai à grands traits ce portrait, et je laisserai à l'amitié, au dévouement d'un petit-fils de Malesherbes, le soin de l'achever.

Peut-être alors M. le procureur-général regrettera-t-il les paroles amères qu'il n'a pas craint de prononcer, et le jugement qu'il a trop légèrement porté sur un caractère qu'il n'a nullement compris.

Ce caractère, messieurs les jurés, est à part.

Une dignité noble et simple, la plus entière indépendance, un esprit élevé et essentiellement méditatif, une volonté ferme et invariable qui n'obéit jamais qu'aux inspirations de la conscience, quelque pénible que puisse être l'accomplissement du *devoir* : voilà ce qui le distingue.

Tel s'est montré devant vous Louis de Kergorlay.

Il vous a exprimé avec modestie, mais avec fermeté, ses convictions et les scrupules de sa conscience.

Il a dit que sa conscience ne lui permettait pas de croire à la *légalité* du pouvoir actuel; mais à vous, messieurs les jurés, qui représentez à ses yeux, comme aux nôtres, *le pays*, *la nation*, et nullement *le pouvoir;* à vous, jury français, il a reconnu avec empressement et bonheur le droit de lui demander compte de toutes les actions de sa vie ; et ce compte, il vous le rend par ma bouche.

Que l'accusation cesse donc de calomnier ses intentions, en prétendant faussement que, par cette conduite, il a voulu *braver la nation !* le pouvoir n'est pas la nation.

Le grand écrivain, l'ami constant et sincère de la liberté, celui que le peuple de Paris portait en triomphe au travers des barricades, Châteaubriand bravait-il la nation, lorsque devant ce même peuple il exprimait en cour d'assises ses convictions politiques, lorsqu'il refusait de répondre au pouvoir dont il ne reconnaissait pas la légalité ?

Non, messieurs, il obéissait à sa conscience, et cette noble conduite, dignement appréciée par le jury, emportait le verdict d'acquittement et valait à Châteaubriand une nouvelle ovation populaire.

Oui, messieurs, quoi qu'on puisse faire, les sentimens généreux et élevés trouveront toujours des sympathies en France ! la bassesse et la déloyauté seules n'y trouveront que mépris.

Fidèle à son caractère, Louis de Kergorlay choisit une carrière toute d'étude et de travail, dans laquelle on ne pourrait penser qu'il devrait à la faveur un avancement qu'il ne voulait devoir qu'à lui-même.

Il entra à l'école polytechnique, il y eut de brillans succès, et obtint pour récompense de ses veilles le grade d'officier d'artillerie.

M. de Kergorlay père, qui n'avait jamais demandé, ni pour lui ni pour les siens, une seule faveur ; M. de Kergorlay père, qui avait refusé toutes les places auxquelles un émolument pouvait être attaché, qui n'avait pu faire un majorat de *pair*, à cause de la modicité de son patrimoine, et qui n'avait pas voulu accepter de la munificence royale la somme nécessaire pour cette constitution ;

M. de Kergorlay père, pour la première fois de sa vie, demande une faveur, il demande que son fils *unique* soit alors placé dans un des régimens d'artillerie qui devait faire la périlleuse campagne d'Afrique ! ! !

C'est ainsi que M. de Kergorlay fils put participer à toutes les actions brillantes de la campagne.

Sa conduite, messieurs, pendant la guerre, il est inutile de vous la faire connaître ; elle fut celle d'un officier d'artillerie français : bravoure, intelligence, admirable sang-froid au milieu du danger.

M. de Kergorlay fils fut proposé par le général en chef, sur la demande expresse de son capitaine, pour la croix de la légion-d'honneur.

La révolution de juillet., ce terrible exemple de l'instabilité et du néant des grandeurs humaines, qui brisa le trône de Charles X au moment où la conquête d'Alger semblait faire de ce malheureux roi le souverain le plus puissant de l'Europe, la révolution de juillet renversa toutes les espérances de M. de Kergorlay fils.

Malgré les plus vives instances de ses chefs et de ses camarades, il n'hésita pas un instant ; il s'agissait pour lui de l'accomplissement d'un devoir.

M. de Kergorlay fils, officier d'artillerie à 24 ans,

au moment de recueillir les fruits de sa belle conduite pendant la campagne; M. de Kergorlay renonce
à cette brillante position.

Il se sépare tristement de ses frères d'armes, il
emporte leur estime et leurs regrets, il revient en
France, il y retrouve son père qui de son côté avait
obéi au même devoir.

Il passe une année au sein de sa famille. Le repos
et l'oisiveté convenaient peu à un jeune homme ha-
bitué au travail et aux occupations sérieuses.

. M. de Kergorlay fils désirait depuis long-temps
connaître l'Italie, cette terre si riche, si féconde en
souvenirs historiques.

M. de Kergorlay père avait souvent médité sur les
monumens et sur les ruines de l'ancienne capitale
du monde ; il offrit à son fils de faire le voyage
avec lui.

Ils partirent dans le mois de septembre 1831. Ils
traversèrent la Savoie, parcoururent une partie de
l'Italie, visitèrent Florence, Rome, Naples.

Dans le mois de mars, M. de Kergorlay père
songea à revenir en France : à son âge on craint de
rester trop long-temps loin de la patrie, on sent plus
fortement le besoin d'y vivre et d'y mourir ! D'ailleurs,
M. de Kergorlay père était le chef de la famille, il
ne pouvait plus long-temps différer son retour.

M. de Kergorlay fils, qu'aucun devoir ne rappelait
en France, voulut prolonger son séjour en Italie, et
profiter, pour son instruction, des loisirs que la révolution lui avait faits.

Le père et le fils se séparèrent.

M. de Kergorlay père se dirigea sur Nice, M. de
Kergorlay fils était à Livourne vers la fin d'avril 1831.

Il y rencontra M. de St-Priest qui était sur le
point d'aller en Espagne, où sa haute position et ses
antécédens lui assuraient, pour lui et pour les siens,
le meilleur accueil.

M. de St-Priest offrit à M. de Kergorlay de l'em-
mener avec lui : cette offre bienveillante fut acceptée
avec empressement. Qui de nous, messieurs, ne
regarderait aujourd'hui un voyage avec M. de St-
Priest comme une bonne fortune ?

Deux jeunes officiers français complétèrent cette petite caravane.

On partit de Livourne le 24. On était à Roses le 30 au matin ; des difficultés que vous connaissez empêchèrent d'aller plus avant : on se décida à revenir à Nice. Les vents contraires et l'état de la chaudière forcèrent à demander du secours au port de la Ciotat. Ce secours fut promis *dans l'intention avouée d'attirer les passagers*. Cette déloyauté amena leur arrestation.

Vous savez le reste, et le voyage à *Ajaccio*, et le retour en France, et la supposition de la personne de madame la duchesse de Berry à bord du bateau, et subsidiairement la supposition de son transbordement en mer.

Je ne reviens pas sur les faits, vous les connaissez, et je ne pense pas qu'il puisse rester maintenant des doutes sur l'absence complète de toute preuve de la présence de Madame sur le Charles-Albert, comme de toute participation des passagers arrêtés sur le bateau, à aucun des actes politiques relatifs à madame la duchesse de Berry ou à son fils.

Mais, messieurs, je veux aller plus loin : je veux admettre pour un moment que tous les faits présentés par l'accusation soient vrais, soient prouvés ; et j'espère vous démontrer, démontrer à vos consciences que même dans ce cas les accusés ne pourraient être condamnés par un jury français.

Si l'accusation était prouvée, je vous dirais : Au mois de juillet 1830 deux grands principes sociaux se sont trouvés en présence ; l'un avait été, pendant quatorze siècles, la loi fondamentale du royaume. Ce principe créait des droits et des devoirs. Une secousse profonde le renversa : l'ancienne famille de nos Rois passa du trône à l'exil.

Ceux qui admirent le principe qui prévalut alors pensèrent que la *nécessité* pouvait justifier cette grande perturbation politique ; d'autres également dévoués au bonheur de leur pays, crurent sincèrement qu'un droit qui reposait sur l'ancienne constitution française et sur une si longue possession, pouvait survivre à un fait accidentel, accompli à l'insçu même de ses auteurs ; ils pensèrent qu'une longue série de malheurs pouvait menacer la patrie, si le principe de la souveraineté populaire remplaçait le droit héréditaire.

De là, messieurs, deux croyances politiques ; et, dans la conscience des uns et des autres, des devoirs différens.

Eh bien ! dans de telles circonstances, je veux le supposer, une mère exilée, la mère de celui qui dut être notre Roi, songeant à la France et à son fils, qui fut aussi le *fils de France*, cette mère seule avec son courage, suivie seulement de quelques amis coupables de fidélité au malheur, se serait approchée de son adoptive patrie ; elle serait venue lui demander si elle se souvenait encore de son fils ! Si le succès n'avait pas couronné ses espérances, si *la royale prétendante* était détenue comme prisonnière de guerre, serait-il possible de comprendre une cour d'assises et le code pénal pour ses compagnons d'infortune, pour ceux surtout qui n'auraient pas quitté sa personne, qui auraient obéi à ses ordres immédiats ?

Ici, messieurs, devrait se placer une haute question : l'appréciation des actes de Mme la duchesse de Berry, sous le rapport *du droit public* et *du droit criminel*.

Mais les événemens sont encore trop récens, les passions trop excitées, pour qu'il me fût possible de la traiter à cette audience avec toute l'indépendance et toute la liberté nécessaires à la solution.

Vous comprendrez, messieurs, les motifs de ma réserve ; j'espère que vous les approuverez. Je défends un accusé ; rien d'irritant ou de blessant ne doit sortir de ma bouche ; si je ne parlais qu'à vous, messieurs les jurés, je m'abstiendrais de ces timides ménagemens, parce que je sais que de la région élevée où vous siégez, les choses sont considérées philosophiquement, sans prévention, avec cet esprit juste et calme qui doit présider à la recherche de la vérité ; vous rendez la justice, et la justice n'a pas de passions.

Mais je parle aussi devant un auditoire nombreux, et le seul sentiment que je désire lui faire partager, ainsi qu'à vous, messieurs les jurés, c'est celui du profond intérêt que je porte à mon client.

Je renonce donc, messieurs, à examiner devant vous quelle a pu être, relativement au droit héréditaire de M. le duc de Bordeaux, les conséquences des événemens de juillet ; je vous supplie seulement de vouloir bien, dans votre haute raison, vous rappeler les actes de cette époque, tels que les présentait, il y a peu de temps, M. de Broglie lui-même ; et après vous être dépouillés de toute préoccupation née des événemens ultérieurs, ne songeant plus qu'*au droit*, laissant de côté toute considération politique qui ne peut avoir accès dans le sanctuaire de la justice, vous interrogerez vos consciences, c'est à elles seules que je m'adresse pour la solution d'une question de cette nature : vous comprenez toute son importance pour le procès ; et je ne saurais assez le répéter, c'est *de justice* et non de politique qu'il s'agit ici ; si donc vous pensiez que le *droit héréditaire* a pu survivre à *un fait contraire*, vous ne pourriez voir un crime ou délit dans des actes qui auraient eu pour but de favoriser l'exercice d'*un droit*.

Mais, messieurs, cette haute question qui sera aussi jugée par l'histoire, je la confie à vos consciencieuses méditations.

Maintenant je veux supposer que vous la résolviez contre nous, que vous soyez convaincus *par votre raison et par votre conscience*, que le droit héréditaire de M. le duc de Bordeaux qui existait incontestablement jusqu'à la déclaration du 7 août, a pu être *légalement* anéanti par cette déclaration ; peu m'importerait encore pour l'appréciation *judiciaire ou criminelle* des actes de Madame la duchesse de Berry, et de ceux qui seraient poursuivis comme complices de sa tentative supposée.

Pour le procès, il resterait à apprécier si, dans la *conviction* intime des uns et des autres, le principe de la légitimité n'aurait pas survécu, si *le droit* n'aurait pas été conservé, si l'erreur, sur l'existence de ce droit, n'était pas erreur de *bonne foi* et de *conviction*.

Vous le savez, messieurs, on vous l'a dit hier avec une haute raison, en matière *pénale* le fait n'est rien, *l'intention* est tout ; sans intention mauvaise, il n'y a pas de crime possible. C'est donc dans la conscience de chaque accusé qu'il faut descendre pour apprécier les motifs qui l'ont dirigé dans l'action qu'il a commise.

Eh bien ! messieurs, je vous le demande, pouvez-vous douter que Mad. la duchesse de Berry, fille et sœur de Roi, mère de celui qui dut porter la plus belle couronne du monde ; pensez-vous que Madame n'ait pas dû croire *au principe de la légitimité?*

Je rougis de vous adresser une pareille question.

Elle y a cru ; elle y a cru comme ses ancêtres ; elle y a cru comme Charles VII ; elle y a cru comme Marie-Thérèse ; elle y a cru comme Henri IV ; elle y a cru comme y croyait Louis XVIII, lorsque de la terre d'exil il faisait aux magnifiques propositions de Napoléon, qui y croyait aussi, cette sublime réponse qui le plaça si haut dans l'estime de celui qui gouvernait alors le monde ! elle y croyait, lorsqu'elle écrivait ces paroles si simples et si touchantes au gouverneur de son fils :

« Mon Henri, mon cher enfant est peiné de mon
» absence : j'espère qu'on lui dit bien qu'elle est causée
» par l'espoir d'assurer son avenir et celui de sa sœur,
» dont je suis uniquement occupée. Cela seul peut me
» retenir si longuement loin d'eux et me résigner à
» mener une vie aussi triste que fatigante. Mais toutes
» nos peines seront oubliées, si *Dieu* permet que je
» puisse triompher. Je vous charge particulièrement,
» monsieur, de le lui dire. Vous avez déjà préparé
» son cœur à la vertu ; dites-lui que si je réussis,
» j'aurai des droits à sa reconnaissance, et que si la
» Providence veut que j'y périsse, je mériterai ses
» regrets. »

Voilà, messieurs les jurés, la *foi*, je pourrais dire le testament politique de madame la duchesse de Berry.

Sa croyance, *sa foi politique*, est partagée ; il est des hommes pour lesquels le principe de la légitimité est un dogme ; ces hommes peuvent se tromper, mais s'ils se trompent, ils s'égarent avec leur conscience ; leur intention est louable, leurs actes ne peuvent être coupables aux yeux de la loi criminelle ; c'est à la *politique*, qui jamais ne marche avec la *justice*, à s'occuper de la répression.

Ces vérités de haute morale n'ont jamais été mises en question ; il suffit d'être homme de probité et d'honneur pour les comprendre.

Écoutez, messieurs, l'un des organes les plus remarquables de la presse, celui qui est le plus franchement et le plus sincèrement hostile au principe de la légitimité, *le National* s'exprimant avec cette profonde loyauté qui le distingue, sur la question *intentionnelle* que nous examinons :

« On parle, dit-il, du scandale d'un acquittement :
» nous pensons assez bien de la dignité de ce pays,
» pour croire que douze citoyens, *pris au hasard*, sont
» capables de juger la duchesse de Berry, de *l'ab-*
» *soudre*, s'ils croyaient qu'elle a pu être assez aveu-
» glée par l'entraînement de hauteur et de conviction
» *monarchique*, allégué en sa faveur, pour avoir inno-
» cemment fomenté une insurrection. »

Messieurs, maintenant je le demande à vos consciences, n'avez-vous pas la plus intime conviction que les accusés que vous avez à juger *croient* aussi *sincèrement, profondément*, au principe de la légitimité auquel ils ont tout sacrifié, qu'ils croient de plus à l'étroite obligation du serment ?

Pouvez-vous en douter en présence de tous les sacrifices qu'ils ont faits volontairement pour obéir à leur conscience.

Si vous avez cette conviction, vous les absoudriez, alors même qu'ils auraient participé à quelques-uns des actes attribués à madame la duchesse de Berry.

Vous les absoudriez, car dans cette participation il y aurait eu de leur part, non pas *la volonté*, non pas *l'intention* de commettre un crime, mais la ferme croyance de l'accomplissement d'un devoir.

Le même motif qui fait décider au consciencieux publiciste du *National* que madame la duchesse de Berry devrait être acquittée devant une cour d'assises, doit, et à bien plus forte raison, s'appliquer à ceux qui, comme elle, auraient agi sous l'inspiration *de la foi monarchique*, et qui, de plus qu'elle, auraient été emportés par l'attrait irrésistible du dévouement au malheur.

Vous le voyez, messieurs les jurés, je l'ai démontré

par les paroles mêmes des hommes les plus hautement contraires au principe de la légitimité, par les paroles de l'écrivain le plus profond et le plus généreux de l'opposition ; je l'ai démontré par les règles les plus immuables et les plus certaines de la morale et de la justice : madame la duchesse de Berry et ceux qui, comme elle, auraient agi avec *bonne foi* et *conviction*, ne pourraient être condamnés par une cour d'assises.

Qu'on n'abuse pas de mes paroles, qu'on ne les entende pas dans un sens étroit et ridicule ; qu'on ne me dise pas que je rends ainsi tous les actes de révolte ou de sédition impossibles à réprimer.

Non, messieurs, telle n'est point ma pensée, et vous m'avez bien compris. C'est ici une question *de fait* et *de bonne foi* soumise à vos consciences.

Le cas dont j'ai parlé ne serait point un cas de *révolte* ou de *complot ordinaire* ; ce serait la lutte d'un *pouvoir ancien* contre un *pouvoir nouveau*. Les changemens de dynastie ne sont pas de tous les jours, ils emportent avec eux des inconvéniens qui tiennent à leur nature même : ils faut savoir les subir.

Ce n'est point par des condamnations que les dynasties nouvelles s'affermissent, c'est en améliorant le sort des peuples, c'est en diminuant les charges publiques. C'est en gouvernant avec plus de *moralité* et plus de *justice* qu'elles peuvent se consolider.

Mais, messieurs, le pouvoir lui-même partage l'opinion de l'opposition sur l'appréciation juridique des actes de madame la duchesse de Berry. Il ne le dit pas avec la même loyauté, mais personne ne s'y trompe : s'il détient arbitrairement la malheureuse princesse, s'il a élevé pour elle une seconde Bastille, c'est moins parce qu'il a reculé devant l'odieux d'une cour d'assises, il ne s'arrête pas à de si petites considérations, que parce qu'il a été convaincu qu'il ne trouverait pas en France un seul juré qui voulût porter l'iniquité et la honte d'une telle condamnation.

M. Thiers l'avoue : « Oui, s'écrie-t-il avec humeur dans la séance du 4 janvier, je vous le prédis, ce procès serait aussi déplorable que le procès de Blois (M. Thiers fait ici allusion au procès de M. Berryer); vous n'auriez qu'un *scandaleux acquittement.* »

Vous l'avez entendu, messieurs les jurés, madame la duchesse de Berry, traduite devant des jurés, son acquittement paraît infaillible à M. Thiers.

Seulement il feint de supposer que les preuves de la participation *de Madame* aux actes de la Vendée manqueraient ; que sa seule présence serait preuve insuffisante pour condamner.

Mais le défaut de preuves n'était pas sérieux : M. Thiers aurait pu facilement s'en procurer ; dans le procès de Blois, qu'il a le courage de rappeler, on avait bien trouvé le *colonel Tournier* ; *Deutz* en aurait fourni.

Et cependant madame la duchesse de Berry n'a point été traduite devant une cour d'assises. C'est qu'on a bien senti qu'on ne fait pas de la justice comme on fait de la politique *per fas et ne fas*, en dehors de toutes les lois de la morale. Avant tout, la haute question de droit aurait été appréciée ; dans les cas, la question *intentionnelle* rendait toute condamnation impossible. On a donc reculé devant la cour d'assises.

J'ai maintenant à vous démontrer, par des raisons d'un ordre différent, que les accusés ne pourraient être coupables, à raison des faits que suppose l'action, d'aucun des crimes prévus par le code pénal.

Ces raisons, messieurs, je les tirerai de la nature même des choses ; j'invoquerai le témoignage de l'histoire, j'invoquerai celui des hommes éclairés de tous les temps, de toutes les opinions, je ne récuserai pas celui des hommes du pouvoir, j'en appellerai à vos propres souvenirs, et j'espère que du point de vue élevé où vous serez placés, d'éclatans rayons de lumière porteront dans vos esprits, dans vos consciences et dans vos cœurs la plus profonde conviction.

Quels sont les actes imputés aux accusés ?

Une participation supposée au débarquement de madame la duchesse de Berry, et à la tentative que l'on suppose qu'elle avait alors arrêtée.

Quelle serait, messieurs, la nature de tels actes ?

Ici, toute controverse cesse; les faits sont d'évidence, ils ne peuvent être envisagés différemment.

Si madame la duchesse de Berry avait fait des actes politiques en France, elle les aurait faits en prenant la qualité de régente, en agissant au nom de son fils, en revendiquant son droit.

Sa voix n'aurait pas été entendue, ses efforts, son courage auraient été inutiles, le sort se serait de nouveau prononcé contre elle, la lutte aurait cessé, il n'y aurait plus que des *vainqueurs* et des *vaincus*.

Voilà, messieurs·, un point sur lequel toutes les opinions sont d'accord, et pour ne citer que des paroles que l'accusation ne puisse désavouer, je vous rappellerai ce que disait M. le ministre des affaires étrangères, précisément sur la question qui nous occupe.

M. le ministre était trop éclairé pour ne pas comprendre qu'il n'y avait aucune parité entre les actes de madame la duchesse de Berry et des cas ordinaires de révolte ou de complot. L'idée de la révolte de madame la duchesse de Berry contre les droits de Louis-Philippe eût été trop étrange !

Aussi M. de Broglie soutient-il que ce serait ici un cas de guerre.

« Entre la branche aînée et nous, dit-il, il y a eu » guerre, mais c'est le droit de la guerre, et non pas » le droit *d'appliquer une disposition pénale.* »

« *On poursuit ses ennemis, on les désarme,* on ne les » livre pas à *l'exécuteur après la victoire.*

Je ne puis rien ajouter à des paroles si décisives et si profondément vraies.

Oui, après la victoire on ne livre pas les vaincus à l'exécuteur ; il y aurait barbarie, il y aurait lâcheté, et de tels sentimens ne se trouvent point en France.

Voulez-vous une autre autorité ?

L'organe avoué du gouvernement, le journal des *Débats*, s'exprime ainsi sur la nature et sur le caractère des actes qu'il attribue à madame la duchesse de Berry et à ceux qui auraient obéi à ses ordres :

« Nier la guerre, c'est, selon nous, nier l'évidence. » Pourquoi s'étonner que madame la duchesse de

» Berry ayant fait la guerre, en subisse les consé-
» quences? Victorieuse, elle fût entrée aux Tuileries;
» vaincue, elle est entrée à Blaye.

» Non-seulement nier la guerre, c'est nier l'évi-
» dence; c'est nier à son insçu ses propres convic-
» tions. En effet, le parti légitimiste *croit* que ma-
» dame la duchesse de Berry a le droit de faire la
» guerre au gouvernement de juillet, le gouverne-
» ment de juillet a aussi le droit de se défendre, et
» quoiqu'on lui refuse le droit de gouvernement *de*
» *droit*, il a tout au moins le droit de défense natu-
» relle. *Les deux gouvernemens*, le gouvernement de
» juillet et celui de la duchesse de Berry, se sont
» fait la guerre : *quoi de plus naturel !* L'un a vaincu
» l'autre, et le vainqueur use de sa victoire en gar-
» dant prisonnier son rival; tout cela est selon le
» droit de la guerre. »

Vous l'entendez, messieurs, c'est le droit de la
guerre, c'est le seul qu'invoque le pouvoir lui-même,
et le droit de la guerre, M. de Broglie vous l'a dit en
termes énergiques, ce n'est pas le droit d'appliquer
une *disposition pénale, ce n'est pas le droit de livrer après
la victoire les prisonniers à l'exécuteur !*

Voilà, messieurs, sur la nature des actes de madame la duchesse de Berry, le jugement du pouvoir
même au nom duquel nous sommes poursuivis.

Avais-je raison de vous le dire au commencement
de cette défense, cette cause n'est point une cause
d'assises ?

Il est inutile, je pense, de vous démontrer que si
les actes de madame la duchesse de Berry rentrent
dans le cas de guerre, et excluent toute idée de disposition pénale, il doit en être de même et à bien
plus forte raison des personnes qui auraient obéi à
ses ordres.

Madame la duchesse de Berry a fait la guerre à
Louis-Philippe; « suivant vous, cela était dans l'ordre des choses, quoi de plus naturel ? » Mais cette
guerre, elle n'a pu la faire seule : vos paroles enten-
dues dans ce sens seraient une hypocrisie, une dérision.

Vous n'avez pas voulu dire par là que MADAME, sans
troupes, sans partisans, était venue, ou pouvait venir,

la lance au poing, combattre les armées de son adver-
saire. Pour me servir de vos expressions, les *deux gouvernemens* se sont fait la guerre ; si l'un a vaincu
l'autre, il est évident que le droit de la guerre doit
protéger tous ceux qui l'ont loyalement faite, et le chef
qui a commandé l'expédition, et les soldats qui n'ont
fait qu'obéir.

Il faut aller plus loin : il est bien manifeste que si
dans des actes auxquels un chef et des subordonnés
auraient également participé, il pouvait y avoir une
différence dans l'*appréciation*, cette différence serait
nécessairement en faveur de ceux qui auraient obéi.

Quand le bras à failli on en punit la tête.

Je vous demande pardon, MM. les jurés, de vous
dire des vérités si simples qu'elles ressemblent à des
naïvetés. Mais nous sommes en présence d'une accusation qui n'est pas toujours logique, et d'ailleurs le
prestige du talent peut un moment faire illusion ; il
ne faut donc pas négliger de démontrer une vérité,
parce qu'elle tombe dans le bon sens le plus ordinaire.

Je complète la preuve de ma thèse par une dernière
citation d'un des articles les plus remarquables du
National, qui résume énergiquement, en peu de mots,
les conséquences nécessaires de la position de Mme la
duchesse de Berry relativement à ceux qui auraient
participé à ses actes ; je ne citerais pas un journal
pour établir un fait, mais sur un point de doctrine je
puis invoquer l'organe avoué de l'opposition.

« Si l'état de guerre existe pour elle, dit le *National*,
» s'il la protège, à plus forte raison doit-il exister
» pour ceux que sa présence a insurgés ; il faut
» les traiter comme *la garnison d'Anvers*, et la duchesse
» de Berry comme *le général Chassé.* »

Je pense maintenant qu'il ne peut plus rester
aucun doute sur le caractère des actes imputés à
madame la duchesse de Berry et à ceux qui y auraient participé.

C'était le cas de guerre, et après la victoire, le
droit de la guerre, mais jamais une cour d'assises et
des juges criminels pour des prisonniers de guerre !

Voyez, messieurs, ce qui se passe en ce moment
même non loin de nous.

Don Miguel aussi avait été nommé régent du royaume de Portugal pendant la minorité de sa nièce, lui aussi, il a pris possession du trône; il l'a occupé sans résistance et sans contestation, pendant plusieurs années; cependant don Pédro, son frère, réunit un corps de troupes composé d'hommes de toutes les nations excepté de la sienne, et à l'aide de ces baïonnettes étrangères, il débarque dans l'une des villes du Portugal, il y porte la guerre. Tous les hommes du pouvoir en France l'appellent le souverain légitime et don Miguel l'usurpateur ; que *fait don Miguel lui-même?* Il recommande avant tout à ses troupes de ménager son frère; de part et d'autre les prisonniers sont traités comme des *prisonniers de guerre.* C'est la guerre avec ses droits rigoureusement observés. De quelles malédictions n'eût-on pas poursuivi celui des deux frères qui eût mis l'autre hors du *droit commun ,* et qui eût renvoyé ses prisonniers devant des tribunaux criminels ?

L'histoire nous fournirait une foule d'exemples d'événemens analogues à ceux que nous apprécions dans ce moment-ci. Les révolutions et les changemens de dynastie ne sont pas choses nouvelles. Eh bien! messieurs, toujours, lorsque les passions étaient calmées, lorsque la lutte avait cessé , l'instinct admirable des peuples traçait cette grande ligne de séparation que nous vous indiquons. Les vaincus, après la victoire, n'étaient pas des criminels , ils n'étaient pas traités comme des malfaiteurs, ils restaient des *vaincus.*

A l'une des dernières séances des chambres, M. le ministre du commerce comparait la destinée des Bourbons à celle des Stuarts. Je le veux, j'admets l'analogie.

Oui, l'héritier du malheureux Charles I voulut reconquérir le trône de son père comme madame la duchesse de Berry a voulu reconquérir celui de son fils; oui, Charles, malgré son courage, fut vaincu par Cromwel à la bataille de Worchester, comme madame la duchesse de Berry l'a été dans les champs de la Vendée. Oui, l'un et l'autre retrouvèrent dans leur malheur le plus noble comme le plus généreux dévouement. Oui, l'histoire a conservé le nom des frères *Penderell*, comme elle redira celui de *Charlotte Moreau* et de *Marie Bossy*.

Mais cette même histoire nous apprend qu'inutilement le vainqueur voulut abuser de la victoire, en traduisant les fidèles partisans du *prétendant* devant le jury du pays. Ils furent tous acquittés.

« Lilburn fut accusé de complot et de trahison,
» et quoique *manifestement coupable*, dit Hume, il
» fut acquité à l'extrême satisfaction du peuple.
» Wesminster-Halle et toute la ville retentirent d'ap-
» plaudissemens et de cris de joie : jamais aucun
» pouvoir établi ne reçut une déclaration si formelle
» de *son usurpation* et de *sa nullité*.

» Ce magnanime effort ne pouvait être attendu
» que de l'admirable institution des jurés.

» Ce fut, ajoute Hume, pour se mettre désormais
» à couvert de ces affronts, qui diminuaient extrême-
» ment son autorité, que le parlement créa une haute
» cour de justice. Cette cour était composée de mem-
» bres dévoués au parti régnant, sans nom, sans
» caractère, résolus de tout sacrifier à leur am-
» bition. »

Ceux-là, messieurs, condamnèrent.

Le judicieux auteur ajoute cette réflexion :

« Pendant que ces étranges sénateurs prétendaient
» accorder de nouvelles libertés à la nation, ils se
» trouvaient eux-mêmes obligés de violer la plus
» précieuse de celles qui, de temps immémorial,
» lui avaient été transmises par ses ancêtres. »

Voilà, messieurs les jurés, les précieux enseigne-
mens de l'histoire, ils ne seront pas perdus pour cette cause.

Vous la verriez comme le jury anglais avait vu celle des défenseurs du *vaincu* de Worchester, qui, peu d'années après, devint Charles II. Vous prononceriez un verdict d'acquittement, y eût-il preuve de la participation de mon client aux actes supposés de madame la duchesse de Berry, et l'histore dirait de vous ce qu'elle a dit du jury anglais : *ce magnanime effort ne pouvait être attendu que de l'admirable institution des jurés.*

Qu'on ne cherche pas à vous égarer par d'étroites et de fausses considérations sur l'intérêt du pouvoir à obtenir des condamnations pour empêcher d'autres tentatives semblables.

Les condamnations politiques que la morale et la justice repoussent, loin de fortifier le pouvoir, l'affaiblissent.

La condamnation de *Montrose*, l'un des fidèles partisans du prétendant, fit plus de prosélytes à la cause royale, dit *Lingard*, que n'en avaient fait ses nombreuses victoires.

Je crois, messieurs, vous avoir démontré que les actes de madame la duchesse de Berry et de ceux qui auraient obéi à ses ordres, ne constitueraient ni *crime* ni *délit*, puisque ces actes pouvaient être protégés par un droit que la logique ne permettrait pas de méconnaître ;

Que lors même que le droit n'existerait pas, la conviction intime et sincère de son existence exclurait toute *intention criminelle*, et rendrait impossible l'application d'une disposition pénale.

Enfin j'ai prouvé que dans tous les cas il ne pourrait être question que de la lutte d'un gouvernement contre un autre, d'un cas de guerre ; et j'ai dit, avec M. de Broglie, après la victoire, on ne livre pas les vaincus à l'exécuteur.

Cette triple démonstration, messieurs, vous l'avez déjà comprise, elle n'est que l'expression des trois grandes opinions qui divisent la France.

J'ai pu les invoquer successivement à l'appui de mes trois propositions, et pour la première fois, peut-être, elles se sont trouvées réunies.

Puissions-nous, messieurs, être assez heureux pour voir enfin toutes les opinions consciencieuses, loyales et généreuses, confondues dans un but commun, le bonheur de la patrie ! son amour n'est-il pas dans tous nos cœurs ?

Il ne serait donc plus possible de soutenir une condamnation contre les accusés, si les accusés avaient participé à quelques-uns des actes attribués à madame la duchesse de Berry sur le sol de France.

Mais, messieurs, qu'ai-je parlé des actes politiques de madame la duchesse de Berry en France ? Où est la preuve de ces actes ? la preuve juridique ? Ce complot que vous supposez et dont Madame aurait été l'ame, comment pouvez-vous songer à l'établir contre nous, lorsque le pouvoir lui-même convient qu'il n'y en aurait pas de preuve contre la duchesse de Berry ?

Rappelez-vous les paroles de M. Thiers, dans la séance du 4 janvier :

« La duchesse de Berry serait, en vertu de la loi qui
» exclut les Bourbons, ramenée à *la frontière* ; pour
» la condamner à une peine il faudrait prouver qu'elle
» a pris part à des faits de guerre, qu'elle s'est mise à
» la tête des bandes, qu'elle les a commandées.

» Or, je vous le demande, continue M. Thiers,
» où sont les témoins *qui affirmeraient qu'ils ont vu*
» *Madame à la tête des bandes ?* »

M. Thiers conclut qu'un acquittement serait infaillible.

Il est donc vrai de dire qu'aucune preuve judiciaire n'existe de tentative de la part de Madame contre le pouvoir existant.

Vous ne vous y tromperez donc pas, messieurs, et si l'on voulait abuser de mes paroles, si l'on voulait leur donner un sens et une portée qu'elles ne peuvent avoir, vous repousseriez une interprétation contraire à ma parole.

Vous daignerez ne pas oublier que j'ai raisonné dans une *pure supposition*, que je me suis placé, *en faits*, dans une hypothèse qui ne peut avoir aucun rapport avec *les faits* que vous avez à apprécier.

Et si je vous ai démontré, messieurs, que dans cette hypothèse que j'ai supposée il y aurait impossibilité de prononcer une condamnation équitable, vous concevez avec quelle sécurité je pourrais maintenant envisager les faits de la cause.

Quels seraient, messieurs, ces faits ?

Vous les connaissez, ils vous ont été exposés de la manière la plus vraie, la plus naturelle, la plus simple, par l'estimable et savant confrère qui le premier a parlé dans la cause ; je n'y reviendrai pas.

Je craindrais d'affaiblir l'immense effet produit par cette grave parole.

Ce qui est particulier à mon client, vous le savez aussi, messieurs, M. de Kergorlay fils s'est embarqué sur le Charles-Albert, le 4 avril. Il a profité de l'offre obligeante de M. le vicomte de St-Priest, il s'est embarqué pour l'Espagne. Il était à Roses le 3o. Il y est resté jusqu'au 2. Il était à la Ciotat le 4.

L'accusation ne dit pas un seul mot de plus contre M. de Kergorlay fils, seulement elle le présente comme responsable de la présence supposée de madame la duchesse de Berry sur le bateau ; elle veut voir en lui un complice du prétendu complot sans même pouvoir alléguer un seul fait de complicité contre lui.

Vous savez, messieurs les jurés, à quoi se réduit cette accusation et toute cette immense procédure, prodigieux travail, magnifique, mais ruineux monument de la patience et du zèle ardent des magistrats instructeurs de la cour d'Aix !

Six cents témoins entendus de tous les points du royaume ; tous les moyens de recherche et d'investigation prodigués.

Eh bien ! messieurs, le résultat de tant d'efforts, quel a-t-il été ?

La procédure avait été commencée sur une mystification, elle a peu changé de nature.

L'information et le débat n'ont fourni aucune preuve de la présence de madame la duchesse de Berry à bord du Charles-Albert, et l'impossibilité de tous les faits de son prétendu débarquement est devenue brillante d'évidence. Il est maintenant établi que le transbordement des passagers a eu lieu sur la côte d'Espagne, qu'il a eu lieu dans la nuit du 29 au 3o, quelques heures avant l'arrivée à Roses ; il est surtout établi qu'*immédiatement après le transbordement* le Charles-Albert s'est remis en marche ; qu'il ne s'est plus arrêté jusqu'à Roses ; qu'il y a séjourné deux jours et demi.

Si de tels faits ne démontrent pas l'impossibilité physique et morale de toute participation des passagers arrêtés sur le Charles-Albert au mouvement de

Marseille qui avait eu lieu le 3o au matin, *pendant que les accusés étaient paisiblement à Roses*, il faut renonce_r à démontrer l'évidence.

Je n'ai donc plus aucun intérêt à revenir sur les faits.

Cependant je ne puis résister au désir que j'ai de vous présenter une preuve, *une seule preuve* de l'impossibilité des faits tels que les suppose l'accusation, relativement au prétendu débarquement de Madame.

Cette preuve, messieurs les jurés, est à mes yeux la plus forte de toutes; elle a, depuis le premier jour que je m'occupe de cette affaire, porté dans mon esprit la plus profonde conviction; elle la portera dans les vôtres, car, messieurs les jurés, vous êtes dignes de la comprendre.

Vous connaissez MM. de Kergorlay; vous connaissez le père, vous connaissez le fils; leurs ames si élevées, leurs cœurs si fermes, si généreux!

Eh bien! messieurs, pour que les faits de l'accusation soient vrais, il faut admettre qu'en pleine mer, au milieu d'une nuit profonde, pendant une horrible tempête qui n'aurait pas permis au plus audacieux marin de détacher une barque du rivage, sous peine d'être à l'instant même enseveli sous les flots; il faut admettre, dis-je, qu'au milieu de telles circonstances et de telles impossibilités, un bateau de pêcheur se soit trouvé suspendu comme par l'ordre de Dieu, au milieu des vagues courroucées qui se seraient abaissées devant lui; que madame la duchesse de Berry s'y soit jetée, que M. de Kergorlay père s'y soit jeté avec elle.

Cette action, si elle n'était pas physiquement impossible, ne nous étonnerait, ni de la part de madame la duchesse de Berry, ni de la part de M. de Kergorlay. Un grand courage et un grand dévouement suffiraient.

Mais à ce moment décisif et si périlleux qu'aurait fait M. de Kergorlay fils?

Suivant vous, il se serait séparé de son père, il lui aurait laissé à lui seul tout le danger; lui, jeune et vigoureux, il serait resté paisible sur le bâtiment, et le vieillard et la jeune mère auraient bravé, sur une nacelle, des chances presque certaines de mort.

Le jeune officier d'artillerie, si ferme, si impé-
tueux en présence de l'ennemi, lui qui défendait
presque seul contre une nuée de Bédouins la pièce
de canon confiée à sa garde, lui *de Kergorlay fils*,
il se serait dirigé paisiblement vers l'Espagne, avec
ses jeunes compagnons d'armes, tandis que son
père serait allé s'emparer de Marseille, ayant pour
commandant en chef de l'expédition une femme, et
pour second corps d'armée un autre vieillard ! ! !

Voilà, messieurs, cette monstrueuse supposition !

Que mon client me pardonne de vous l'avoir pré-
sentée, qu'il excuse ma parole, mon zèle, et qu'il
croie bien qu'il m'a fallu quelque dévouement pour
reproduire les paroles de l'accusation.

Mais qu'avait-il à craindre d'une pareille supposition ?

Si je l'ai rappelée, c'est que je savais bien que,
comme moi, vous sentiriez l'invraisemblance, c'est
que j'étais bien convaincu que vous diriez à l'instant
même avec moi : non, M. de Kergolay père n'a pu
se séparer de son fils à un tel moment ! non, le père
n'a pu le vouloir ; non, le fils n'aurait pu obéir, si le
père eût ordonné cette séparation !

J'outragerais la nature, si je démontrais plus long-
temps une telle invraisemblance. C'est une de ces
impossibilés morales plus puissantes, plus certaines
que toutes les preuves matérielles ou physiques.

M. de Kergorlay père n'a donc pu débarquer du
Carlo-Alberto où était son fils, qui ne débarquait pas.

Ne venez plus me parler de vos témoins qui auraient dit, pendant qu'ils étaient au secret, qu'un
individu avec lequel on n'a jamais osé les confronter,
lisait ou promenait comme un des passagers trans-
bordés du *Carlo-Alberto*.

Je n'ai plus besoin de vous démontrer la faiblesse,
l'insuffisance de tels moyens de reconnaissance, je
n'ai plus besoin de leur opposer les déclarations con-
tradictoires des autres passagers, je n'ai plus besoin
de faire ressortir vos contradictions.

Je renverse vos présomptions et vos suppositions
par cette seule réponse, M. de Kergolay père n'a
pu débarquer du *Carlo-Alberto*, où était son fils qui
ne débarquait pas.

· S'il en est ainsi , messieurs les jurés, que devient, dirons nous à l'accusation, votre roman ? que devient-il en présence de toutes les preuves physiques et morales qui démontrent son invraisemblance ?

Que devient-il en présence de l'impossibilité physique du transbordement, dans la nuit et au point où l'accusation le suppose ?

Que devient-il en présence des papiers émanés des autorités espagnoles prouvant que les sept passagers ont été débarqués sur la côte d'Espagne, dans la nuit du 29 au 30 ?

Que devient-il en présence des arrêts de la justice qui déjà ont reconnu que la présence de madame la duchesse de Berry sur le *Carlo-Alberto* n'était nullement établie ?.

Que devient-il en présence de cette immense information, de ces recherches qui durent depuis dix mois, de tous ces efforts qui n'ont pas fourni la plus légère preuve de la présence de Madame sur le *Carlo-Alberto* ?

Mais, messieurs, je vous le demande, quel intérêt pouvions-nous avoir à nier la présence de madame la duchesse de Berry sur le bateau ?

Cette présence ne pouvait constituer contre nous ni crime, ni délit, elle était permise.

Et ici, messieurs, j'abandonne pour un moment les hautes questions que j'ai eu l'honneur de vous présenter. Je suppose, si vous le voulez, le code pénal applicable, je renonce à la position inexpugnable dans laquelle je me suis placé, et même alors et en admettant la présence de Madame sur le *Carlo-Alberto*, cette présence, aux yeux de la loi criminelle, serait un fait de la plus complète indifférence.

Madame pouvait rentrer en France sans qué, par sa rentrée seule, il y eût contre elle preuve de projet de renversement contre le pouvoir existant.

Ce point ne peut être contesté en présence de la loi.

Les paroles de M. le ministre, que j'ai promis de rappeler, l'établiraient positivement et clairement, s'il pouvait y avoir des doutes. Le moment est venu de les redire :

« La loi qui exclut les Bourbons ne les condamne,
» *pour leur présence en France*, qu'à l'exclusion. Pour
» avoir été trouvée en France, madame la duchesse de
» Berry serait donc ramenée à la frontière; pour la
» condamner, il faudrait donc prouver qu'elle a pris
» part à des faits de guerre, *qu'elle s'est mise à la tête*
» *des bandes; qu'elle les a commandées.* »

Vous le voyez, messieurs, dans la pensée des
hommes même du pouvoir, madame la duchesse de
Berry, non-seulement pouvait être sur le sol de France
sans crime ni délit, mais encore après les événemens
de la Vendée, devant une cour d'assises, il faudrait,
pour qu'on pût construire une accusation, prouver
que Madame a participé aux actes de la Vendée,
qu'elle a levée des troupes, qu'elle a signé des pro-
clamations; il faudrait des témoins qui déposassent
de toutes ces choses; vous l'avez entendu? les dix
mois de présence en France de madame la duchesse de
Berry, ne pouvaient servir de base à une accusation;
cette présence ne tombait pas sous le domaine de
la loi pénale.

Eh bien! messieurs, comprenez-vous maintenant
le procès?

Quoi! vous êtes forcés d'en convenir, *Madame*
pouvait être sur le sol de France sans que sa présence
supposât un complot! Le 3 mai, à la Ciotat, après
l'échauffourée de Marseille, vous compreniez encore
qu'il ne vous restait *légalement* d'autre parti à pren-
dre que d'ordonner que madame la duchesse de
Berry *fût reconduite à Holy-Rood*; ordre qui excluait
nécessairement toute idée de complot, et vous voulez
nous poursuivre comme coupables d'avoir participé
à un complot, *nous* qui nous serions séparés de Madame au milieu de la mer, avant que la princesse
eût pu voir le sol de France'!

Vous voulez nous poursuivre comme complices
d'un complot dont vous êtes convenus, par vos actes,
qu'il n'y aurait pas la plus légère trace contre la
duchesse de Berry!!!

Je me contente, messieurs, de vous indiquer cette
monstrueuse inconséquence; je ne veux pas entrer
plus avant dans l'examen des autres preuves si décisives qui établissent l'impossibilité du complot.

Je ne pourrais que redire ce que déjà vous a dit ,
avec une si haute puissance de logique, le défenseur
qui s'était plus spécialement chargé de cette tâche ;
le souvenir de ses graves paroles ne s'effacera pas de
vos esprits.

Je veux seulement vous soumettre une compa-
raison :

Un homme dont le puissant génie sut comprimer
tous les partis en France, et sauver le pays des hor-
reurs de l'anarchie , Napoléon éprouva aussi l'instabilité des choses humaines et les cruels revers de la
fortune. Le plus puissant monarque de l'Europe
passa du trône dans un véritable exil.

Un petit coin de terre au milieu de la Méditérranée
ne pouvait suffire à l'ame ardente de celui qui avait
été le maître du monde.

Lui aussi, il avait conservé dans son malheur quelques amis fidèles qui le consolaient, par leur dévouement, de tant d'ingratitudes qui ne lui avaient pas
manqué de la part de ces mêmes hommes qui depuis
quarante années servent et trahissent tour à tour
chaque pouvoir qui s'établit en France.

Eh bien ! messieurs , supposons que Napoléon ,
songeant à la France et voulant la revoir , eût demandé à quelques-uns de ses compagnons d'exil de
s'embarquer avec lui, sans troupes, sans armes ;
qu'il leur eût indiqué la côte d'Italie ou d'Epagne
comme but du voyage ;

Qu'au milieu de la mer , avant même que la côte
de France eût été aperçue, Napoléon, prenant une
de ces résolutions subites qui naissaient de son génie, eût donné ordre à ses compagnons de se séparer de
lui, et de suivre leur itinéraire ; que ses ordres eussent
été exécutés, que la séparation eût eu lieu , que Napoléon eût dit au pilote d'un bateau de pêcheur : *tu
portes César et sa fortune , conduis-moi sur la terre de
France ;* qu'il y eût débarqué presque seul, qu'il y
eût vécu ignoré pendant plusieurs semaines, cachant
à tous les regards sa grandeur passée et ses malheurs
présens ;

Que ses amis, ainsi séparés de lui, eussent été
forcés, trois jours après cette cruelle séparation , de

relâcher dans un port de France, sous peine de périr au milieu des flots : qui eût jamais osé leur demander compte de s'être ainsi séparés de leur maître, en mer, à plusieurs milles de France ?

Poussons plus loin notre supposition si décisive pour vos consciences. Admettons qu'il ait pu se rencontrer un procureur-général qui commençât une pareille procédure, et une cour d'assises devant laquelle de tels actes auraient été présentés comme criminels !

Je veux même supposer qu'il se soit trouvé des hommes assez aveuglés par les haines politiques pour avoir, dans une pareille cause, prononcé une condamnation ! ! !

Oui, Bertrand, le fidèle Bertrand, Bertrand et quelques-uns des courtisans de l'infortune de Napoléon, traduits devant un *jury français*, ont été condamnés.

Mais déjà l'histoire est venue impartiale et sévère, et pour les juges et pour les condamnés ! C'est vous, messieurs, que j'interroge, c'est à vous, c'est à vos consciences que je demande le jugement que vous porteriez et sur les uns et sur les autres ?

Vos consciences et vos cœurs m'ont déjà répondu.

Hâtons-nous d'abandonner une supposition outrageante pour mon pays et pour la générosité française, et revenons à la vérité.

Bertrand, qui n'avait point quitté son maître lorsque celui-ci entrait en France, et y entrait non pas *seul* et *déguisé*, mais à la tête d'un corps de braves, Bertrand ne fut point recherché pour de tels actes.

Après les cent-jours, la main froide et impitoyable d'un doctrinaire avait voulu placer ce nom d'honneur et de fidélité sur une liste d'hommes accusés de trahison. Louis XVIII le biffa de sa propre main, en prononçant ces belles paroles : *Bertrand ne m'a jamais trahi.*

Et vous aussi, messieurs les jurés, vous direz de chacun des accusés : Il n'a jamais trahi.

Ma tâche est remplie ; j'avais promis à mon honorable client tout le zèle et tout le dévouement dont mon ame pouvait être capable ; ma conscience me dit que j'ai tenu ma promesse.

La défense que j'ai eu l'honneur de vous présenter ne s'est adressée qu'à votre esprit et à votre jugement : je n'ai point fait un appel à vos cœurs, parce
que j'ai pensé que, dans un tel procès, il suffisait,
pour vous convaincre de l'innocence des accusés, de
discuter une à une les charges produites contre eux,
d'établir ensuite l'impossibilité de créer un crime ou
un délit avec les faits que l'accusation supposait, et
de vous démontrer enfin l'absence complète de toutes
preuves.

Maintenant, messieurs les jurés, permettez-moi,
en terminant, de me dépouiller de mon rôle de défenseur et de ne plus vous parler que comme un de
vos concitoyens ; les dernières paroles de M. le procureur-général m'inspirent cette pensée.

Quel est ce procès, vous a-t-on dit ? *un procès poli-*
tique : c'est la révolution en face de la légitimité : le
pays a les yeux sur vous : au nom même de vos familles, on a osé vous demander une condamnation !

Eh bien ! messieurs, je vous le dis à mon tour :
oui, ce procès est un procès politique ; et ce seul
mot dit tout pour des cœurs généreux. Depuis quarante années que notre malheureuse patrie est tour-
mentée par des bouleversemens continuels, par des
révolutions successives, que de procès semblables
sont venus tour-à-tour contrister l'humanité ! Toutes
les fois qu'ils ont été portés devant des hommes consciencieux et libres, ils ont été appréciés leur juste va-
leur. Aucune condamnation n'est venue aggraver la
position des vaincus, des *vaincus* qui avaient été les
vainqueurs de la veille.

Et toujours en obéissant ainsi à la voix de l'humanité qui était aussi celle de l'honneur, ces juges, hommes de bien, ont trouvé en eux-mêmes la première
et la plus douce récompense d'une bonne action ;
l'estime publique aussi leur en a tenu compte ; les
accusés et leurs familles ont béni leurs noms !

Voyez, messieurs, ce qui se passe depuis six mois
dans ce noble pays de France, dans notre patrie com-
mune : sur tous les points, les personnes poursuivies
à raison de prétendus délits politiques sont rendues à
la liberté par les jurés. Dans les lieux mêmes qui

avaient été le théâtre d'une lutte sérieuse, là où des malheurs étaient à déplorer, aucune condamnation n'a été prononcée, et cependant les accusés avaient pour juges ceux-là mêmes contre lesquels la lutte s'était engagée. Honneur à ces hommes de haute probité politique, ils ont compris la généreuse mission qu'ils avaient à remplir; ils ont vu qu'après la victoire, il y aurait barbarie à condamner en cour d'assises ceux que la fortune aurait trahis; ils ont compris que les condamnations politiques ne sont plus de notre siècle; que loin de protéger le pouvoir elles l'affaiblissent, qu'elles n'empêchent pas les choses de suivre leur cours, et les *décrets cachés de la Providence* de s'accomplir.

A Blois, à Angers, à Orléans, les accusés ont été rendus à la liberté; et l'on oserait encore vous demander une condamnation contre des hommes arrêtés au milieu de la mer, en pays étranger; contre des hommes qui ont été attirés par un piége honteux sur la terre de France, terre de franchise et de liberté; qui n'y ont été retenus que par une violation manifeste du droit des gens ! ! ! Une condamnation contre des hommes auxquels on n'ose pas même reprocher un acte de violence !

Mais à quel titre espère-t-on que vous userez de ce triste privilége de condamnation politique dont personne ne veut plus désormais ?

Prenez-y garde, messieurs, cette première mission ainsi remplie ne serait pas la dernière : à vous seraient renvoyés tous les cas appelés de *suspicion légitime* en matière politique ; car vous seuls auriez condamné.

Y a-t-on bien songé ? et ç'est à vous, messieurs les jurés qui représentez une des contrées de France les plus inaccessibles à la haine et aux vengeances politiques, que l'on demande une condamnation politique ?

On ignore sans doute que, dans nos discordes civiles, les proscrits de toutes les opinions trouvèrent toujours un asile assuré sous nos toits hospitaliers.

Il est vrai, à une époque de cruelle et douloureuse mémoire, des condamnations politiques dont le prétexte était aussi l'accusation banale de complot contre la sûreté de l'état, des condamnations odieuses furent prononcées dans une de vos villes, la plus voisine de celle où vous siégez (1) : mais alors, messieurs, vous étiez les *victimes ;* vos parens, vos amis, peut-être vos pères, étaient les *accusés.*

Les juges qui les condamnèrent étaient presque tous des étrangers : leurs noms, depuis quarante années, se sont conservés et transmis avec horreur : les familles qui les portaient ont demandé l'autorisation d'en changer. Une chapelle funèbre s'est élevée là où la cruelle sentence s'exécuta : la terre que les victimes arrosèrent de leur sang a été consacrée par la publique piété.

Les restes des victimes ont été précieusement recueillis ; chaque année des familles en deuil viennent pleurer sur cette grande tombe !!!

Voilà, messieurs, tout ce qui reste d'une condamnation politique :

Pour les condamnés et pour leurs malheureuses familles, un intérêt universel qui s'accroît chaque jour, en même temps que les haines politiques s'affaiblissent et s'effacent ;

Pour les *juges,* souvent des remords, et toujours d'éternels regrets.

Voilà, messieurs les jurés, ce que vous répondriez à l'accusation, si l'accusation était sérieuse ; et je doute qu'après cette noble réponse que j'ai lue dans vos cœurs généreux et élevés, le ministère public eût encore le courage de vous demander une condamnation.

Mais, je le répète, nous n'avons point à faire un appel à votre humanité. Dans ce procès où l'esprit le plus prévenu ne peut apercevoir l'apparence même d'un délit, il vous suffira de dire : la justice la plus rigoureuse nous défend de condamner.

(1) Feurs où siégea un tribunal révolutionnaire.

www.ingramcontent.com/pod-product-compliance
Lightning Source LLC
Chambersburg PA
CBHW060454210326
41520CB00015B/3946